AF654127

KERALA

KERALA

Texte : Ravi Shankar
Photographies : V. Muthuraman

Lustre Press
Roli Books

KERALA VUE D'ENSEMBLE

CLIN D'ŒIL SUR LE KERALA

Les transports : Le Kerala est accessible par la route, le train ou l'avion. L'État est doté d'un excellent réseau routier et les routes sont généralement bien entretenues ; les modes de transport courant incluent le train, l'autobus, le taxi, l'autorickshaw, la bicyclette et le bateau dans les canaux.

La meilleure saison : La période entre octobre et mars est la meilleure saison pour aller au Kerala.

Les logements : Il y a des hôtels confortables, propres et facilement accessibles allant du grand luxe à ceux destinés aux touristes à petit budget.

La nourriture : La cuisine du Kerala est délicieuse. La noix et le lait de coco sont abondamment utilisés et le riz est l'aliment de base. Il y a une grande variété de préparations de poisson, de crustacés, de viande, de poulet, de bœuf et nombreux plats végétariens, dont *thoren, avial, olen, kallen, idli, dosa, sambhar* et *rasam*, préparés selon des recettes uniques qui reflètent la grande diversité du pays.

Les fêtes : Les fêtes hindoues, musulmanes et chrétiennes sont célébrées avec grande ferveur. La fête la plus spectaculaire est Onam, le festival de la moisson et le nouvel an kairali. Elle est célébrée en grande pompe avec d'exquises préparations culinaires, des décorations florales, des danses folkloriques, et des courses de bateaux.

L'artisanat : Une grande variété d'objets est sculptée dans les noix de coco. La fibre de coco et d'autres fibres sont utilisées pour tisser des carpettes, des tentures et des tapis ; les bois de santal et de palissandre sont utilisés pour fabriquer des objets artistiques et des babioles en tous genres. Le Kerala est également réputé pour ses objets en métal.

La chorégraphie : *Kathakali, mohiniattam, krishnanattam, theyyam, kudiyattam* et *chavitunatakam* tissent leur magie. Plus grands que la vie, dramatiques et totalement inoubliables.

Les thérapies ayurvédiques : Les massages à l'huile, les traitements à l'argile et aux huiles végétales font partie de l'héritage du Kerala. Ces thérapies ont suscité un regain d'intérêt et il y a maintenant des « programmes de régénération » d'où l'on émerge comme une nouvelle personne.

Les événements à ne pas manquer : La course de bateaux qui se déroule le deuxième samedi du mois d'août dans les canaux d'Alappuzha ; la compétition des cent rameurs en cadence sur des bateaux d'un autre âge, les *chundan valloms*, est un événement à ne pas manquer.

La grande marche des éléphants se déroulant pendant quatre jours du 17 au 20 janvier, est spécialement destinée aux visiteurs.

Le *kalaripayattu* est l'ancêtre des arts martiaux et il faut le voir pour y croire.

On ne peut pas aller au Kerala sans faire une excursion dans les canaux intérieurs – pour voir et s'imbiber de sa sereine beauté.

Les lieux à visiter : Thiruvananthapuram (la capitale), la réserve de Neyyar, Pon Mudi, Kovalam, le centre balnéaire de Varkala, Kollam, Alappuzha, Kochi, Guruvayur, Kodungallur, Muziris, Kozhikode, Kannur, la réserve d'Aralam, Kottayam, le lac de Vembapad, le parc national de Periyar, Munnar et Thrissur. Et encore bien d'autres choses à voir et à expérimenter. Laissez-vous guider hors des sentiers battus par votre instinct.

L'eau
et
le chant du vent

Allez vers le sud, jusqu'à ce que vous atteignez la pointe de la péninsule indienne. C'est le point où l'on peut voir arriver la mousson sur la côte.

Retournez-vous.

Avec le ciel derrière vous, vous faites face à l'ouest, le vert infini se détache sur le ciel. Les cocotiers dodelinent de la tête au vent comme les sultans impatients d'enlever leur turban.

Le vert est partout. C'est la couleur du Kerala, une longue bande de terre, le long des côtes dorées de la partie occidentale du sud de la péninsule indienne, d'environ cent vingt kilomètres de long sur tout juste trente kilomètres de large. Elle est coupée du reste du pays par les montagnes des Ghats occidentaux qui culminent à Anai Mudi, à 2 695 mètres d'altitude. Dans l'intérieur, ces magnifiques montagnes contrastent avec les vallées verdoyantes. À l'Ouest, le Kerala est constitué de plaines et d'un littoral de plages de sable et de lagons. Bien que l'État n'occupe que 1,18 % des territoires de l'Inde, il est habité par 3,43 % de la population totale du pays. Entre 1961 et 1971, cette proportion s'est accrue de 19 % à la suite de la campagne efficace du planning familial. Environ 16 % de la population vit dans les villes, tandis que le reste habite dans les agglomérations semi-urbaines, dans les villages et les hameaux.

L'opéra ambulant du Kerala : danseurs de Puli lors du festival d'Atham, à Thripunithara (à gauche) où les acteurs sont habillés en félins. À droite, le masque de Bhagavati, la Déesse, représentée dans la forme artistique du rangoli. **Pages 4-5 :** Koodi Kazheha *(l'échange des ombrelles) lors de Thrissur Puram ; une grande multitude participe à ce festival.* ***Pages 6-7 :*** *Batelier sur un canal tranquille bordé de cocotiers transportant des noix de coco rejetées en vue de les vendre pour des utilisations variées.* ***Pages 10-11 :*** *La nature dans toute sa gloire : les chutes d'Athirapalli.*

La chaleur étouffante du Kerala (qui peut atteindre 34° C) est quelque peu mitigée par la saison des pluies. La mousson est au Kerala ce que le climat doré de la Californie est à son peuple. Les pluies sont une présence familière, rarement violentes ou déchaînées, mais plutôt gentilles et revitalisantes. Elles perpétuent les couleurs et les odeurs de la végétation verdoyante, le tranchant acidulé des vents des rizières, l'odeur intime d'une terre rassasiée.

Il y a deux moussons au Kerala, la première durant l'été et la seconde en hiver. Les premières pluies – *edavappathi* – se déversent chaque année sur les terres les premiers jours du mois de juin. Les pluies se terminent en septembre pour laisser place à la saison des moissons qui se célèbre avec le festival d'Onam. La deuxième – la mousson du nord-est ou *thulavarsham* – commence fin octobre et se termine fin novembre. Le déluge du mois de *thulam* (mi-octobre mi-novembre) est spectaculaire avec ses orages

La danse des guerriers : un spectacle de kalaripayattu *- une des plus anciennes formes des arts martiaux asiatiques.*
Pages 14-15 : *L'art du masque: un artiste habillé en Muchikothu Bhagavati lors d'un spectacle de* theyyam.
Pages 16-17 : *Les courses de bateaux à Payippad.*

illuminés d'éclairs à la tombée de la nuit. La température peut descendre à un salubre dix-huit degrés.

Lorsqu'il pleut au Kerala, il n'est jamais recommandé de prendre la route. Les pluies se déplacent en grandes trombes blanches et l'on a parfois l'impression de conduire à travers une chute d'eau. Mais pour ceux qui aiment la voiture, la période entre les mois d'octobre et de janvier est la meilleure saison pour s'aventurer sur les routes du Kerala.

La mystique et le mystère : magie et rituel sont des aspects importants de la vie sociale. Le homakundam, *le foyer sacrificiel, est prêt pour le rituel (en haut à gauche) et Madhavan Namboodri, le prêtre, fait ses offrandes aux dieux (en bas à gauche). La divinité Urchava portée en procession dans un palanquin au Tirumala Devaswom (en bas).*

Elles sont généralement bien entretenues bien que plus étroites que les grandes routes du Nord de l'Inde. La route de Tippu Sultan – qui traverse le Malabar – est une étroite ceinture noire d'asphalte sinuant nonchalamment dans les rizières bordées de palmeraies et de plantations de teck à travers lesquelles on discerne des maisons archaïques aux façades blanchies à la chaux.

Pour le voyageur, les deux éléments omniprésents sont l'eau et la végétation. Vous apercevez des éclats de la Mer d'Oman dont les reflets bleu vitreux scintillent à travers les cocoteraies. En particulier lorsque vous conduisez le long de Kollam, la mer vous charme par des visions de voyages d'un temps révolu – des anciens marins maures et romains, de Vasco de Gama et des amiraux de la flotte de Zamorin.

Il y a plus de cent mille kilomètres de routes goudronnées au Kerala. Une route nationale et la route du littoral assurent la liaison avec les États voisins. Un important réseau routier, s'étendant de la frontière septentrionale à Thiruvananthapuram, relie les principales villes dont Ernakulam et Alappuzha. Une ligne ferroviaire relie, via Palghat, le Kerala à Chennaï, sur la côte orientale de l'Inde.

Il y a trois ports majeurs au Kerala – Alappuzha, Kozhikode et Kochi - ainsi que dix villes portuaires secondaires.

Ces ports sont desservis par un réseau de mille sept cent soixante-dix kilomètres de canaux intérieurs utilisés pour le transport des personnes et des marchandises. Les ferrys de passager jouent toujours un rôle important dans le système des transports du Kerala, mais le transport des marchandises par les canaux a fortement diminué pour céder le terrain aux transports routiers. Des aéroports internationaux ont été construits à Thiruvananthapuram, Kochi et Kazhikode, les trois grandes villes du Kerala. Kochi est un port naturel. La ville a été imprégnée par différentes cultures et civilisations entre le Moyen–âge et le dix-neuvième siècle – et aujourd'hui encore, les carrelets chinois s'élèvent

Port de l'abondance: Kollam, le cœur de l'industrie de la pêche.

en tourbillons tandis que le soleil se couche dans les vents de la Mer d'Oman. Il y a une base navale à Kochi et son aéroport appartient à la Marine nationale qui, soit dit en passant, a réclamé son retour depuis l'ouverture de l'aéroport international.

Même avec les aéroports modernes, les centres commerciaux climatisés et les hôtels de grand luxe, le Kerala a conservé la majeure partie de son paysage ; en fait, il a jusqu'à présent été impossible d'aligner l'horizon du pays intérieur sur la ligne citadine. Les villes de Thiruvananthapuram, Kochi et Alappuzha gardent leurs couleurs et leurs formes pittoresques d'antan qui coexistent avec les gratte-ciels et les complexes d'habitations

caractéristiques de la modernité. Les villes présentent un charmant mélange de cultures : des bâtiments coloniaux avec leurs colonnes élancées et leurs longues vérandas cohabitent avec les *taravadus* et leurs toits à double pente. Les faubourgs sont plus rustiques que métropolitains – en fait, il n'y a aucun lieu qui soit totalement urbain dans ce pays. C'est une ironie, car les gens ont en général l'esprit cosmopolite !

À la nuit tombante, les lampes à huile, allumées sur les plates-formes d'argile et de granit pour apaiser les divinités serpents, scintillent et frémissent en jetant leur ombre sur les vieilles écorces noueuses. Les dieux de pierre sont ornés de pâte de santal et de rouge sacré et tandis que femmes offrent du lait et des fleurs aux reptiles divins.

L'air est épicé de millions d'odeurs – il y a le parfum des fleurs de manguier mêlé dans la brise à l'odeur piquante du tamarin et des fleurs sauvages poussant sur les haies verdoyantes des clôtures de bambou, l'odeur de la végétation et de la pluie de la veille, le parfum évocateur du jasmin fleurissant ou des frangipaniers aux pétales d'ivoire dont les grands-mères disent qu'elles sont la demeure favorite des *yakshis* du Kerala – goules claires et voluptueuses avec des cheveux sombres comme les forêts d'automne et des yeux luisants des dangereux secrets de la pleine lune. Leurs lèvres sont rouges comme le sang, dégoulinantes de jus de bétel.

La noix de coco est une importante culture commerciale comme le montre la photo (en haut à droite) de cet homme décortiquant une montagne de noix au marché du copra à Kozhikode. Un artisan fabriquant la réplique d'un navire à voile à Beypore (en bas à droite).

Les joies de la bénédiction : une mère prépare son jeune enfant pour Vishukazcha, *la fête du printemps et la célébration de l'abondance. Un autel raffiné dédié à Vishu est préparé avec amour pendant des heures, puis les membres de la maisonnée, en commençant par les plus jeunes, sont éveillés à l'aube et y sont amenés les yeux bandés, l'autel se révèle alors dans toute sa gloire éclatante. Ensuite, ils reçoivent des aînés des cadeaux ou* vishukkani.

La mascotte des Malayalis : l'éléphant, fait partie intégrante de l'histoire, du mythe et de la société du Kerala et il participe à tous les festivals et à toutes les occasions heureuses. Un cornac lavant son pachyderme (en haut) et un autre préparant la nourriture de son éléphant durant une pose au cours d'un festival (à droite).

Mythes.

C'est un pays où le temps est tissé dans le mythe. Ses anciennes formes chorégraphiques – *kathakali* et *theyyam*, *mohiniattam* et *chakiarkuthu* – offrent une grande ornementation du rituel. Un art fantastique paré de symbolisme qui utilise des pigments et des masques, une invitation à se pencher derrière les rideaux d'un autre temps, d'un autre lieu.

Le Kerala transforme le mythe en magie, embelli les fables de l'Inde avec ses subtilités et ses propres traditions artistiques. C'est un art stylisé car la grammaire et le symbolisme élaboré du *kathakali* sont aussi compliqués que le déroulement du spectacle. L'*ottantullal*, qui est une alternative intellectuelle au *kathakali*, est un grand théâtre satirique créé par Kunjan Nambiar en réponse au patronage exclusivement brahmane des anciennes traditions chorégraphiques des Namboodris. Le *kathakali* était un art exclusif patronné par l'aristocratie malayalie dont les richesses féodales lui donnait le loisir d'une appréciation créative. Les festivals étaient célébrés dans les temples, des arènes féodales de la danse et de la culture, où les Namboodris et les lettrés débattaient sans fin les nuances du *mathakalimudras* ou des *lakshanas* des éléphants. La scène était magique avec les lumières et la musique : les gigantesques *nilavilakkus* à multiples mèches illuminant les ténèbres, les torches brûlant dans les mains des serfs, le *nadaswaram* répandant sa mélodie lancinante et les *chendas* tambourinant toute la nuit tandis que les grands éléphants dodelinaient de la

Jumbo jamboree: lors du Thrissur Pooram, des containes d'éléphants défilent dans leur splendeur carapaçonnés.

tête hypnotisés par le rythme avec leurs *nettipattoms*, des plaques d'or martelées scintillant de diamants et de rubis, pendant de leurs défenses, tandis que les *cornacs*, assis sous des ombrelles de soie pailletée, agitaient des éventails de plumes de paon.

Les représentations ont toujours été la forme d'expression native la plus évidente du Kerala. La littérature – que ce soit la poésie ou la prose – a été rendue populaire par les musiciens, les danseurs et les acteurs dans le simple cadre villageois et dans les théâtres

plus sophistiqués des villes. Les palais et les temples du Kerala ont contribué l'évolution des traditions musicales. La musique était principalement une forme d'adoration et une façon de diffuser un message, les saints poètes et les compositeurs royaux (comme Swati Thirunal) ont contribué à enrichir son somptueux et vibrant trésor.

Le *kathakali*, né il y a plus de mille cinq cent ans, est un mélange de dramatique et de subtil, de masculin et de féminin. Les thèmes sont tirés des mythes les plus connus de l'Inde

Les masques des dieux : le kathakali *est le plus subtil et le plus exquis des arts scéniques nés au Kerala (en haut à droite). Il inclut des heures de préparation tant pour le maquillage que pour les costumes. Un danseur peint son visage (en bas) après le traditionnel* pacha, *et un autre est maquillé par des assistants expérimentés (en bas à droite).*

(et plus récemment de l'étranger avec des histoires tirées de l'Iliade et la Bible) avec des personnages représentant des divinités majeures et mineures, des démons, des rois et des guerriers. Le support des percussions du *chanda* et du *maddalam* rehausse l'intensité dramatique de ce spectacle où l'accent est porté sur le maquillage et les costumes exotiques ainsi que sur les mouvements exagérés des yeux et des sourcils. Traditionnellement, les acteurs de *kathakali* sont uniquement des hommes, bien qu'aujourd'hui des femmes soient elles-aussi devenues des danseuses expertes dans cet art.

Le *mohiniattam*, la danse de Mohini l'enchanteresse, est par contre un art exclusivement féminin caractérisé par de doux mouvements oscillants et des gestes délicats. Il combine les positions et l'expressivité faciale du *kathakali* avec les techniques assurées et pourtant féminines du *bharata natyam*.

Le *krishnanattam* raconte les histoires du dieu Krishna et est généralement une forme d'adoration. Il a gardé sa forme la plus pure au temple de Krishna, à Guruvayur, et est représenté comme un théâtre dansé durant huit nuits consécutives.

Theyyam ou *thera* est par son maquillage, ses masques et ses mouvements un écho païen et sans doute la plus ancienne forme de danse rituelle du Kerala – il y a plus de trois cent cinquante formes de danse dans la région. Le *theyyam* (forme ou silhouette) met en

scène des personnages mythologiques, divins ou héroïques et est associé au culte de Bhagavati, la Déesse. Les acteurs, uniquement des hommes, portent des costumes et des accessoires complexes. Les instruments de musique qui accompagnent le theyyam incluent *chenda*, *veekuchenda*, *elathalam* et *kuzhal*. Le *kudiyattam* est un autre vestige folklorique des temps anciens, une forme hautement évoluée de *koothu* et sans doute la seule forme d'art scénique du Kerala qui accepte la

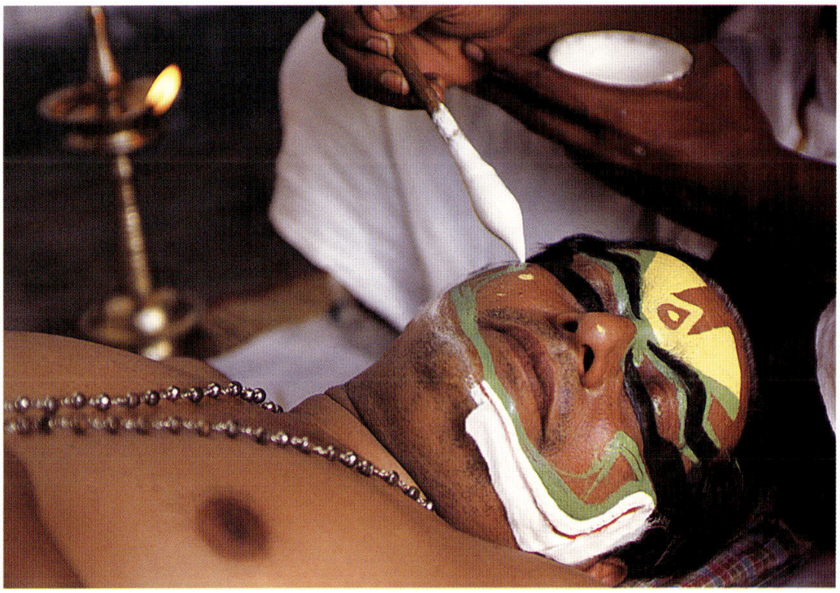

participation des femmes. C'est une présentation théâtrale introduite dans la région par les Aryens il y a plusieurs milliers d'années. Un spectacle de *kudiyattam* se déroule traditionnellement durant la nuit et se prolonge pendant des heures – et parfois même plusieurs jours. L'acteur pivot est le bouffon, le seul personnage parlant et l'intermédiaire entre les acteurs et l'audience.

Le *chavitunatakam* est l'alternative chrétienne du *kathakali*. Les acteurs parlent,

La danse en mouvement : un acteur de kudiyattam *(à droite) qui est une forme chorégraphique antique de la région. Une scène de* mohiniattam *avec les danseuses habillées de costumes traditionnels de lin ornementés de brocard (en bas).* **Pages 34-35 :** *Arjuna Nirittam lors des célébrations de l'Atham, à Thirupanitura.*

chantent et sautent sur la scène – en fait, un spectacle était considéré comme excellent lorsque la scène s'écroulait sous la cadence des pieds des acteurs ! Les thèmes sont tirés de l'histoire médiévale européenne et les des histoires de l'empereur Charlemagne sont extrêmement populaires !

Avec cet héritage diversement ornementé, les couleurs du Kerala sont des splendeurs bigarrées. Les peintures murales furent sans doute le plus beau et le plus répandu des arts décoratifs du Kerala ; les fresques des murs et des plafonds des temples comme des palais représentent les épopées des dieux et des déesses et les histoires des familles royales. Les styles de Tanjore et de Mysore, influencés par les techniques européennes, ont trouvé leur expression dans une forme typique du Kerala caractérisée par de vibrantes couleurs et de larges coups de pinceau – les olographes et les huiles de Raja Ravi Verma sont caractéristiques de cette forme.

Les festivals du Kerala sont une extravagance symbolique dérivée tant du mythe que de la rencontre de différentes civilisations allant de l'Arabie à l'Occident. L'esprit du pays s'est exprimé par ce peuple vibrant qui a créé cette culture unique au Kerala. On célèbre dans cet État – comme dans la plupart des États de l'Inde – une diversité de fêtes déterminées par les affiliations religieuses et les croyances personnelles.

Onam est sans aucun doute la plus importante fête célébrée par les Malayalis. Caractéristique de l'esprit hindou du pays, Onam est le festival de la moisson qui marque le nouvel an du Kerala, à l'issue de la mousson, en août ou en septembre, durant le mois malayali de *chingam* (la bouche du lion). Onam est également identifié au retour au pays du roi Mahabali, vaincu par des dieux jaloux, avec l'aide de Vamana, un avatar de Vishnou. Le festival se prolonge durant quatre jours et est caractérisé par des préparations culinaires spéciales, des danses folkloriques et une grande bonhomie. De petites pyramides d'argiles sont placées au centre de décorations florales et les jeunes filles se prennent par la main pour danser autours de l'*onakazhcha*. C'est traditionnellement un jour de jeûne et d'échange de présents.

Navaratri est célébré comme Saraswati Puja au Kerala et c'est l'occasion d'adorer la déesse de la connaissance et des arts. Durgasthami et Vijayadashami sont également observés pendant la période de neuf jours qui se termine par la classique victoire du bien sur le mal.

Shivaratri est célébré durant le mois malayali de *kumbam* (verseau) en février ou mars. Le festival annuel se déroule traditionnellement à Alwaye sur les rives de la rivière Periyar. Makaravilakku ou l'allumage des lampes à huile à multiples mèches – le plus spectaculaire étant celui de Sabarimalai – le quarante et unième et le dernier jour de la saison de Mandalam débutant le premier jour du mois malayali de *vrikschikam* (scorpion) en novembre ou décembre. Ashtami Rohini célèbre la naissance de Krishna et fait partie des rituels hindous du mois de *chingam* (lion), en août ou septembre.

Noël et Pâques sont les principales fêtes chrétiennes célébrées. La convention des Maronites se déroule aussi chaque année au mois de mars dans le grand lit sableux de la rivière Pamba, près de Maramon, sous les auspices de l'église de Marthoma. C'est la plus grande congrégation chrétienne de toute l'Asie.

Une extravagance de couleurs : la plupart des festivals malayalis remontent à l'époque païenne - un artiste du Machod Mamangam (en bas) et le fameux festival d'Ahtam à Thripunithara (à droite).

Les musulmans du Kerala célèbrent les différents événements du calendrier islamique comme tous les musulmans du monde, ceux-ci incluent Bakr-id (Id-ud-Azhar) et le Ramadan (Id-ud-Fitr) de même que Miladi Sherif (Nabi Dinam) en commémoration à la naissance du prophète. En plus, le Chandanakunda de Beempally, près de Thiruvananthapuram, est une des fêtes musulmanes les plus colorées du Kerala. Durant dix jours et commençant avec le Jamadul Akbar de l'année de l'Hégire, il commémore l'anniversaire de la mort de Beema Beevi, une pieuse musulmane qui était dotée de pouvoirs extraordinaires. Le dernier jour du festival, une procession conduite par des éléphants caparaçonnés précède un feu d'artifice.

En plus des fêtes religieuses, le Kerala célèbre aussi ses propres événements spéciaux, créés et développés spécialement pour les touristes. C'est l'époque où la mascotte géante de l'État, l'éléphant, prend le devant de la scène. La plupart de ces festivals incluent des processions d'éléphants ; Pooram et Vela sont les plus intéressants festivals pour admirer les éléphants dans leur splendeur caparaçonnée.

La fête des éléphants est généralement accompagnée par le *panchavadyam* (ensemble traditionnel composé de cinq instruments de musique), du *bharata natyam*, du *kathak* ou des formes de danse contemporaines. L'événement se

LES ÉPICES

« La cuisine du Kerala peut sembler extrêmement épicée pour les palais délicats », nous prévient notre guide.

Au Kerala, le commerce des épices remonte à plus de mille cinq cents ans. La côte des épices, comme était surnommé le Malabar, est mentionnée par les anciens voyageurs. Muziris, où la rivière Periyar se jette dans la mer, était dans le temps un port prospère d'où le poivre était exporté vers les pays étrangers. Rome achetant de grandes quantités de poivre à prix d'or, cette épice fut appelée *karuthu ponnu*, l'or noir. Le commerce était à sens unique car les produits romains ne trouvaient pas d'acheteurs. Pline aurait déclaré : « la seule qualité du poivre est son piquant et c'est pour cet élément hautement indésirable que nous en importons de très grandes quantités. » Il était acheté en pièces d'or – des anciennes pièces romaines ont été retrouvées lors des excavations dans la région. Le poivre était tellement précieux que lorsque Alaric le Goth assiégea Rome en l'an 408, il accepta de lever le siège après avoir reçu une rançon de trois mille livres de poivre !

Les Étrusques, les Grecques et les Phéniciens conçurent des bateaux plus performants qui permettaient de transporter une quantité beaucoup plus importante de marchandises. Et les Arabes étudièrent les vents de la mousson et les utilisèrent pour naviguer à leur avantage. Les marées capricieuses de l'estuaire de la Periyar engendrèrent des dépôts de sable sur ses rives et créèrent un port protégé pour les navires qui mouillaient à Muziris. Arabes, Turques, Vénitiens et Chinois fréquentaient ce port d'où ils emmenaient de vastes quantités de poivre et d'autres épices – l'héritage des Chinois est toujours présent avec les carrelets en forme de papillon, les ustensiles de cuisine, les ombrelles et les feux d'artifice pour lesquels l'État

est réputé. Mais Muziris fut ensuite abandonnée pour le commerce et les Portugais y édifièrent un fort, le port étant devenu inutilisable par l'accumulation des dépôts de sable – Cochin la remplaça pour le commerce et c'est aujourd'hui encore un port bien aménagé ; par la suite, Calicut et Quillon devinrent aussi des ports réputés.

Le goût brûlant du poivre attira un grand nombre de marchands qui prenaient la mer vers l'Orient à la recherche des épices. Le volume des exportations prit des proportions extravagantes et sema la panique au Malabar. La légende dit que les natifs allèrent se plaindre à Zamorin : « Seigneur ! Nous avons des problèmes ! Les marchands portugais ne se contentent pas d'emmener notre poivre. Ils déracinent et emportent nos plants ! »

Zamorin sourit et dit calmement : « Laissez-les faire ! Car pourront-ils emmener avec eux les pluies de la mousson qui donnent au poivre son goût particulier ?»

Le poivre est également réputé pour son pouvoir préservatif. *Maricha*, son nom sanskrit, signifie « une particule de feu ». Il a été utilisé comme médecine et comme condiment depuis des siècles. Le poivre communément utilisé en cuisine est sa forme séchée, avec ou sans son enveloppe. Les Égyptiens s'en servaient pour embaumer les morts et, dans certaines régions de l'Asie, il était considéré comme aphrodisiaque. Certains l'utilisent aussi comme insectifuge. Il y a environ vingt-quatre variétés de poivre en Inde, selon les régions de culture ou son origine, dont les poivres de Tellicherry et d'Alleppey ainsi que les poivres de Penang et de Singapour. Le Kerala cultive 98 % de la production de poivre de toute l'Inde.

Les clous de girofle ont fait leur entrée en Inde il y a plus de deux mille ans. Ils étaient familiers aux Chinois et il était de coutume de mâcher un clou de girofle avant de s'adresser au souverain afin d'avoir une haleine agréablement parfumée.

Si le poivre est le roi des épices, leur reine est la cardamome. « Graine du paradis » était le nom donné à ces petites graines qui dans les temps anciens donnaient leur arôme enchanteur et leur saveur délicate aux mets et aux boissons, aux parfums et aux liqueurs. De même que le poivre du Kerala est réputé dans le monde entier, la cardamome produite dans la région est considérée comme la meilleure du monde. Et aujourd'hui en occident, seules les cardamomes du Kerala sont utilisées pour une utilisation médicinale. En dehors de ses propriétés médicinales, la cardamome (*elettaria cardamomum*) est employée pour rehausser l'arôme des boissons, des confiseries et des mets végétariens ou carnés. Elle pousse principalement dans le district d'Idukki, dans les Ghats occidentaux, entre sept cent cinquante et mille mètres d'altitude dans une région appelée les monts de la cardamome. L'Inde est le plus grand producteur de cardamome du monde et le Kerala contribue à la majeure partie de la production.

Bonjour les épices : Le Kerala a attiré les voyageurs de la Rome et l'Arabie antiques à la recherche des épices. Le nettoyage des cardamomes avant leur acheminement vers les marchés (à gauche) et les navadravyam *ou les neuf graines (en haut).*

déroule généralement dans un théâtre en plein air, le Nishgandhi, à Thiruvananthapuram. Le Thrissur Puram est également un événement à ne pas manquer avec sa parade d'une trentaine d'éléphants abondamment décorés marchant au rythme du *chandamelan* et accompagné de feux d'artifice. Il se déroule chaque année en avril ou en mai.

Le Malayali, qui est un participant enthousiaste aux festivals en tous genres, a généralement le teint sombre et une taille moyenne. Ses vêtements traditionnels étaient dans le temps en lin ou en coton, le blanc étant sa couleur préférée. Les hommes comme les femmes s'habillaient d'un pagne bordé d'un épais brocard d'or appelé *mundu*. Jusqu'au milieu du dix-neuvième siècle, les femmes gardaient la poitrine découverte, à l'exception des femmes brahmanes qui portaient un corsage. Les femmes riches se couvraient la poitrine de bijoux et leurs longs cheveux noirs, généralement bien nourris par des huiles végétales et lavés avec des shampooings naturels, leur couvraient le dos. Le vêtement

Des canoës antiques : les courses de bateaux à Aranmula, un événement sportif élaboré en vogue depuis des siècles qui attire des spectateurs de toutes les régions.

traditionnel, typiques des femmes hindoues malayalies, était le *veshti* et le *mundu* – un vêtement couvrant le pagne et la blouse, comme un demi-sari. Les jeunes filles portaient le *dhavani* et le *pavaadai*, une version colorée du *veshti*. Mais l'invasion des *salwar-kameez* du Nord a entraîné la disparition complète du *dhavani-pavaadai*, tandis que le *mundu-veshti* n'est plus porté que lors des cérémonies et de plus en plus rarement par les jeunes filles. Les femmes chrétiennes ont leur propre version ou *chatta-mundu*, avec derrière un arrangement de coton amidonné en éventail qui forme une queue à plis. Les femmes musulmanes revêtent également le *mundu*, mais elles portent aussi de longues blouses à manches, appelées *rowkas*, boutonnée jusqu'au col avec un foulard sur les cheveux. Mais avec la polarisation de la religion, elles ont battu en retraite derrière le tchador qui était extrêmement rare au Kerala jusqu'au début des années soixante-dix.

Il est important de connaître la géographie du pays pour comprendre les changements

La fête des fêtes : célébration d'Onam à l'issue de la moisson. Des compositions florales élaborées sont préparées pour accueillir Mahabali, le grand roi de la légende dravidienne, qui retourne au Kerala à chaque Onam (en haut et à droite). Les délicates préparations d'Onam sont traditionnellement servies sur une feuille de bananier.

qui ont eu lieu. Les légendes du Kerala étaient dans le temps racontées par des bardes itinérants, les *panans*, qui composaient et chantaient des histoires de batailles et d'amours, de rois et de tyrans. Le Kerala est principalement une société agricole, le riz, les noix de coco, les hévéas et le tapioca sont les principales cultures commerciales qui ensemble couvrent plus de la moitié des terres arables.

Les autres cultures commerciales importantes sont le gingembre, l'ananas, la noix de cajou, les légumes à cosse comme les pois et une grande variété d'épices. Comme nous

CHITRASALA

Le bateau de l'abondance : les pêcheurs se préparent pour une chaude journée d'été avec leur vanchi *(bateau), en haut ; de succulentes huîtres des profondeurs (à gauche).*

l'avons vu, le Kerala est depuis l'antiquité célèbre pour son poivre. Il produit aussi environ 95 % de la production de caoutchouc de l'Inde. L'élevage des poulets est hautement développé. Dans la partie centrale du pays, entre le littoral et les plateaux intérieurs, la sylviculture commerciale inclue celle des anacardiers, des jacquiers, des manguiers et des palmiers.

Les forêts couvrent environ un quart des terres du Kerala – bambou, ébène, palissandre et teck. Les bois sont aussi une source de charbon, de résine et de pulpe. La plupart du littoral est couvert de cocoteraies et la noix de coco est un élément indispensable de la vie des Malayalis. Les natifs font des cordes et des matelas avec la fibre de coco. Ils utilisent l'huile de coco pour la fabrication des savons et des cosmétiques, la chair de la noix de coco pour la cuisine et donne le gâteau d'huile – le résidu obtenu après l'extraction de l'huile – aux animaux.

Dans le temps, les troncs évidés des cocotiers étaient utilisés pour faire des canoës. On se sert toujours les feuilles de cocotier pour couvrir les toits des maisons,

Les pêcheurs (en haut)et le butin de l'océan (à gauche).

AYURVEDA

Le temps est un grand guérisseur, dit-on, et le Kerala se repose sur l'ancien système de médecine traditionnel ou Ayurveda.

Celui-ci serait né au septième siècle avant notre ère et sa fonction est non seulement de guérir, mais aussi de prévenir les différentes maladies. Pratiqué aujourd'hui dans tout le pays et à l'étranger, l'Ayurveda est un système holistique qui vise à rétablir l'équilibre optimal des humeurs afin d'assurer une bonne santé. Au Kerala, l'Ayurveda prit une forme particulière modelée selon l'environnement, les substances de base disponibles et les styles de traitement des praticiens.

Les techniques générales de massage utilisant des bains d'huile (*pizhichil*), des bottes d'herbes (*ilakkizhi*), des paquets de riz (*navara*), des herbes spécifiques trempées dans une huile chaude (*navarakizhi*), ou une des autres méthodes, sont largement et efficacement utilisées dans les cas de maladies chroniques et de problèmes sévères dont l'arthrite rhumatoïde, la paraplégie, la paralysie faciale, la spondylite, la polynévrite, les problèmes de la colonne vertébrale et les ulcères gastriques ou peptiques.

Le meilleur moment pour suivre un traitement ayurvedique est, dit-on, durant la mousson (entre juin et novembre) lorsque l'air relativement pur et frais permet au corps d'ouvrir tous ses pores et de devenir très réceptif au pouvoir thérapeutique des poudres et des huiles utilisées. Des cliniques et des centres de soin hautement réputés se sont établis dans les différentes parties de l'État et offrent des traitements spéciaux pour les afflictions particulières ou des cures de régénération. Les masseurs et les praticiens de l'Ayurveda ont maintenant établi dans tout le pays et à l'étranger des centres où ils pratiquent et enseignent leurs techniques perfectionnées au cours des âges.

La magie des herbes : la science de guérison de l'Ayurveda a été pratiquée au Kerala depuis de nombreux siècles et est aujourd'hui devenue un grand aimant touristique pour ceux qui cherchent à se régénérer. Un praticien donnant un traitement de sirodha *(à droite).*

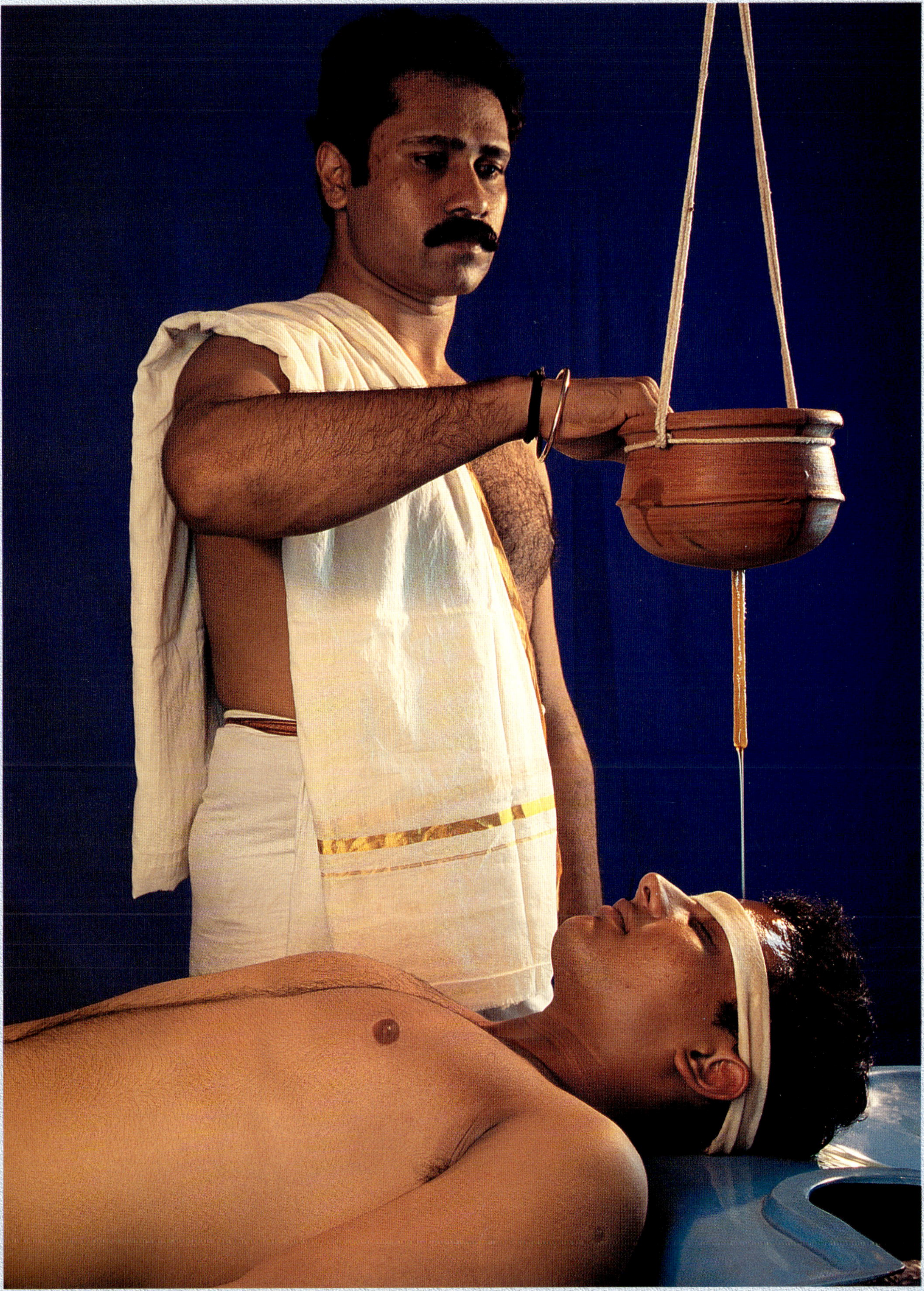

tresser les paniers, fabriquer les balais, les éventails et les ombrelles ainsi que comme combustible. La fleur de cocotier est un ingrédient primordial du *toddy*, une boisson alcoolique, ainsi que pour fermenter le vinaigre. Les plantations d'hévéas sont situées sur les versants des montagnes de l'intérieur où se trouvent également les plantations de caféier, de poivrier, de théier et de cardamome. Gingembre, poivre, cardamome, cannelle, clous de girofle, vanille, curcuma, noix de muscade, cumin, ail et badiane sont exportés dans les différentes régions du pays et à l'étranger. Thekkady est un important centre de culture des épices de même que Murikaddy, Vandiperiyar et Vandanmedu – un des plus importants centres d'enchères des cardamomes du monde. Kumily est un grand marché du commerce des épices.

Alors que les réformes agraires initiées par les communistes dans les années cinquante a permit de transférer des terres aux serfs, elles ont aussi assuré le passage du patronage gouvernemental des arts aux marxistes. Cela a simultanément aiguisé la division des castes au Kerala tandis que les Ezhavas politisés et leur SNDP formaient une large base de vote pour les communistes alors que les Nairs et d'autres communautés restèrent fidèles au Congrès. L'attribution des pouvoirs aux castes et aux classes inférieures a révolutionné la société du Kerala, mais elle a aussi eu ses inconvénients. Les arts et la culture, selon le diktat des intellectuels de gauche, doivent être orienté vers le peuple, plutôt que de rechercher à être une culture vraiment authentique. Une nourriture à penser en quelque sorte.

Voyager au Kerala est également une grande expérience culinaire – la cuisine du Kerala est incomparable. Les vastes rizières, les cocoteraies, les cultures maraîchères, les

vergers et les plantations d'épices sont innombrables et procurent tous les ingrédients nécessaires pour une vaste gamme de mets raffinés. La plupart des foyers possèdent des vaches laitières et des volailles, tandis que les trésors de la mer et de ses différents canaux d'alimentation sont facilement accessibles. Tout cela, allié à la diversité de la population du littoral, a engendré une grande variété de préparations culinaires propres à la région. En plus, un bon système de transport et l'assimilation caractéristique des coutumes étrangères

Panorama aquatique : une vue stupéfiante - une rivière s'écoulant des Ghats occidentaux (à gauche), et les canaux du littoral à Kasargode (en bas).

par les Malayalis – du blé et du maïs du Pendjab aux épices et aux méthodes de cuisson du Goudjerate – ont influencé les habitudes culinaires des habitants.

Typiquement, la cuisine du Kerala est hautement parfumée, aigre et très pimentée. Le riz est l'aliment de base avec d'autres féculents comme les ignames, le tapioca et le manioc. Ceux-ci sont relevés avec des curry et ragoûts épicés composés de légumes, de poisson ou de viande et souvent cuits avec de la noix ou du lait de coco.

Outre la noix de coco, les piments, le curcuma et de toutes sortes d'herbes aromatiques (margousier, coriandre, menthe) et d'épices (gingembre, cardamome, clous de girofle, poivre, etc.) sont les ingrédients des recettes populaires. Le yaourt, le tamarin ou une forme de *kokun* sont utilisés pour donner un goût aigre aux aliments. Les légumes sont privilégiés, des racines et des tubercules d'igname, de manioc de tapioca, de patate douce et de carotte, aux diverses variétés d'épinard, de haricot, de gourde, de choux, de radis, de banane verte et mûre et de plantain. Le fruit du jacquier – vert ou mûr – et celui de l'arbre à pain sont également largement utilisés.

La viande et le poisson sont tous deux préparés en currys, sautés ou frits. Le bœuf, le mouton, le porc, le poulet et le canard sont largement disponibles de même que maquereau, sardine, poisson-chat, thon et une variété de poissons et de crustacés de mer. Des légumes, des viandes et des poissons sont macérés dans un mélange d'épices et de

L'art du temps : Une sculpture sur bois du douzième siècle au temple de Sasthan Kulangarai à Chenganmur près de Kottayam (en haut) ; un fabriquant de lampes (à droite) ; et un bronze de Kunnimangalam (en haut à droite).

sauce aigre et consommés avec des plats de lentille et de riz moins épicés ou encore avec du yaourt ou des concoctions à base de yaourt.

La cuisine du Kerala est également gouvernée par les affiliations religieuses. Les hindous ou Chakyars, qui appartiennent au clan brahmane des Namboodris, avaient par vertu des écritures le droit de cuisiner pour le temple et ses résidants. Ils préparaient des aliments conformes aux *shastras* devant contenir toutes les saveurs : sucré, aigre, âcre, salé, amer et astringent avec des variations de texture. C'était une cuisine exclusivement végétarienne dont les recettes typiques incluent en autres *parippu*, *erusseri*, *pulisseri*, *pachadi*, *kalam*, *olan*, *thoren*, *thiyal*, *upperi* et *ingipuli*. Le *payasam* est un pudding de riz cuit avec du lait de coco, du sucre de canne brut, du jacquier et de la banane. Le riz bouilli ou demi-cuit et le riz pilé manuellement constituent l'aliment de base tandis que le riz complet est apprécié comme une alternative saine. Le pot-pourri végétarien que constitue l'*avial* est considéré par les plus traditionnels comme une innovation moderne.

Les chrétiens syriaques avaient un fort penchant hindou mais furent grandement influencés par les missionnaires syriens, hollandais, portugais et anglais qui s'établirent dans la région. Leur cuisine est similaire à la cuisine cinghalaise avec une large utilisation du poisson, des piments rouges et d'un agent acidulant, le *kudamuli*, qui équilibre les saveurs et possède des propriétés

antiseptiques et antiallergiques. La matière grasse utilisée est généralement l'huile de coco et la noix de coco est communément employée sous ses diverses formes. Les plats les plus réputés incluent *appam*, *puttu*, *kanji*, des ragoûts, *irachi*, *olathiyathu*, des bananes, du fruit de l'arbre à pain, des patates douces, du tapioca, du jacquier bouilli ou étuvé et des crevettes.

Les Moplahs, les musulmans locaux, sont des descendants des marchands arabes qui épousèrent des femmes de la région. Leur cuisine est fortement influencée par les saveurs arabes et ils utilisent abondamment le blé en *pattiri* (galettes de pain non-levé). Le riz et la noix de coco sont communs à la diète des hindous et des musulmans. Le bœuf et le mouton, de même que les volailles et le poisson, sont largement utilisés pour préparer des *pulaos* et des *biryanis* épicés.

La pêche est une industrie majeure sur tout le littoral du Kerala et environ un quart de la production totale de l'Inde provient de la région. L'État produit un grand nombre de produits marins, les crevettes surgelées en particulier. Les fermiers locaux utilisent les résidus de poisson comme engrais. Il y a une grande variété de gisements minéraux au Kerala dont l'argile blanche. Les plages de sable du sud du Kerala sont riches en minerai de titanium. Il y a également de riches dépôts de minerai de thorium et d'autres éléments rares dans la région.

Les lys blancs d'eau ornent les miroirs verts des étangs des villages et des bassins

La divinité de la forêt : Ayyappan (en haut) est une des divinités favorites des Malayalis et Sabarimala est un des lieux les plus sacrés du Kerala. Il est situé au cœur de la forêt, au sommet du mont Sastha. Les dévots font pénitence pendant des semaines avant d'entreprendre le pèlerinage et des enfants posent dans un studio devant des silhouettes d'Ayyappa (à gauche).

des temples. Les rues vermillon s'étendent dans le soleil couchant, ponctuées de chars à bœufs chargés de foins dorés par le crépuscule, avec des lanternes se balançant en dessous pour éclairer le passage dans l'obscurité qui envahit la terre. Le crépuscule au Kerala a une atmosphère de légende, une irréalité qui n'a pas été complètement masquée par les cabines téléphoniques, les cafés Internet, les logements en béton et les vitrines modernes. L'État a le plus haut taux d'alphabétisation de tout le pays, l'éducation des femmes est largement répandue, le taux de mortalité infantile est relativement bas, la longévité est haute et les autres statistiques sont positives, en particulier en comparaison avec les pays les plus avancés du monde. Le Kerala est en fait un modèle de basse productivité avec un haut standard de vie créé par une meilleure répartition des richesses et un taux élevé d'éducation. D'une certaine manière, la région peut être considérée comme un unique centre urbain doté de bons systèmes de transport et de communication. Les femmes sont en général plus éduquées que les leurs consœurs des autres provinces de l'Inde et elles jouissent d'une position hautement respectable dans la société. Ironiquement, le système matrilinéaire était prédominant ; maintenant cependant, les familles nucléaires sont bien plus courantes. Mais aujourd'hui encore, dans la société traditionnelle, des familles conjointes regroupant une cinquantaine de personnes sous un même toit sont toujours courantes. L'agriculture est la principale source de revenu. Les salaires des personnes employées dans les pays du Golfe ont également largement contribué à la prospérité de l'État depuis plusieurs dizaines d'années, bien que cette contribution ait considérablement diminué au cours de ces dix dernières années. Le boom du Golfe a entraîné des changements majeurs tant dans la structure sociale que dans l'architecture. Durant les années soixante-dix, les maisons en béton sont devenues en vogue dans de nombreux lieux, tandis que les immigrants de retour des pays du Golfe gagnaient de l'importance avec leur nouvelle prospérité. Mais l'architecture traditionnelle a fait un retour en force au cours des années quatre-vingt-dix avec les *thachusastras*, dont les principaux défenseurs se trouvent parmi les Namboodris de Trissur.

Kalarippayattu est la source du judo, du karaté et d'autres styles orientaux de combat. Il est toujours pratiqué aujourd'hui, comme un sport, les deux combattants armés d'un sabre et d'un bouclier.

La plupart des habitants du Kerala parlent le malayalam. Certains des derniers clans tribaux de l'Inde moderne vivent dans les régions montagneuses du Kerala ; ils sont sans doute affiliés aux Veddas, les nomades natifs des forêts de Sri Lanka. D'autres sont probablement les descendants des premiers habitants de la région ; ce sont les Adivasis, un terme générique pour désigner les aborigènes. La désanskritisation de la langue et des sensibilités est venue bien après, vers la fin des années soixante-dix, avec le marxisme dravidien qui voulaient débrahminiser les arts et le langage et donc les désaryaniser. Mais ensuite, des auteurs Namboodris réputés comme Kuttumadom Narayanan dénièrent que leur brahmanisme ait rapport avec le putsch aryen au sud des monts Vindhyas et affirmèrent qu'ils étaient des brahmanes dravidiens établis au Kerala depuis les temps les plus anciens. L'éducation est bien plus développée au Kerala que dans toutes les autres provinces de l'Inde. Plus de 90 % de la population est alphabétisée. Selon la loi, les garçons et les filles doivent aller à l'école entre six et quatorze ans et la fréquentation des écoles atteint presque 100 %. Il y a environ 12 000 écoles, 200 collèges et 5 universités dans l'État.

Il y a une presse florissante au Kerala, avec six quotidiens locaux et un magazine anglophone publiés dans l'État. Ces publications ont grandement contribué au taux élevé d'éducation et à la haute conscience sociale de la communauté malayalie tant en Inde qu'à l'étranger.

L'origine du malayalam comme une langue distincte et séparée remonte au neuvième siècle, lorsque les dernières traditions linguistiques dravidiennes prirent forme. Il y a dans ses racines du tamil mais elle a ensuite été influencée par le sanskrit et le prakrit et développa son propre alphabet et un riche réservoir littéraire. La poésie se développa durant des siècles grâce au patronage royal par des vers descriptifs et narratifs trouvant de larges audiences

enthousiastes. Au cours des âges, cette expression poétique devint associée aux techniques expressives comme le *kathakali* et le *krishnanattam*, dont la fonction était à la fois éducative et divertissante. Les missionnaires portugais apportèrent l'imprimerie dans la région au dix-neuvième siècle et les dictionnaires et autres ouvrages de référence se propagèrent. Le règne de Raja Swati Thirunal fut sans doute le plus prolifique pour la poésie et les compositions musicales, le roi étant lui-même un compositeur accompli. La poésie malayalie devint moins orientée sur le contenu et joua avec la diction et les jeux de mot pendant quelque temps, jusqu'à ce qu'une fraîche inspiration lui donne une nouvelle vie avec les fortes saveurs de l'occident procurant des idées neuves. Les nouvelles et les romans s'inspirèrent aussi de la vie réelle et les thèmes allèrent de l'historique au moral. Les essais, les écrits scientifiques, les histoires de voyage et les biographies forment aussi une grande part du vaste répertoire de talent de la région.

Les trésors des temples : un pilier de bois abondamment sculpté (à gauche) du temple millénaire d'Avittathur Shiva près de Thrissur (en bas).

Tout ce qui a rapport au Kerala est imprégné de traces d'un mythe particulier, comme si la culture confrontée aux idéologies modernes devait créer son propre enchantement pour s'y réfugier. Et si vous recherchez le mythe avec un service de voiturier, c'est également disponible.

Vous pouvez séjourner dans les centres de villégiature de Kumarakom où les vieilles maisons (*tharavad*) ont été transplantées au bord des lagunes avec des salles de bain à ciel ouvert. Kumarakom, « découvert » il y a seulement une dizaine d'années, est situé dans les lagunes du littoral et offre une vue spectaculaire sur la grande réserve d'oiseaux où les canards, les coucous, les grues de Sibérie et d'autres espèces sont des visiteurs réguliers. Des locaux entreprenant ont transformé les canoës couverts traditionnels (*kettuvallam*) en embarcations de luxe pour promener les touristes qui affluent du monde entier.

Vous pouvez prendre une péniche aménagée et dériver au gré du courant dans les lagunes tout en admirant les réflexions scintillantes dans l'eau, la queue argentée du passage du bateau s'étendant derrière comme un post-scriptum et écouter le chant des oiseaux s'égaillant aux sommets des arbres. À Travancore et à Kochi, vous

Les fresques derrière l'autel principal de l'église orthodoxe de Saint Georges près de Tiruvalla (à gauche) ; la basilique de Notre Dame des Douleurs (en bas) ; la croix de granit ou la croix de Perse de Kottayam Valiyapally (Église Sainte Marie Kannaya).

pouvez vous régaler de tapioca épicé, de curry de poisson ou de canard, de ragoût de bœuf à la noix de coco. Ce vaste enchevêtrement de canaux, de lagons, de lacs et de rivières, dénommé « les eaux intérieures » ou backwaters, s'étend comme une toile d'araignée aquatique à travers la fine silhouette du paysage du Kerala. Il est alimenté par une quarantaine de rivières, petites et grandes, qui se déversent à l'ouest dans la Mer d'Oman. Dans le temps, ils s'étendaient dans toute la région ; de nombreux canaux ont été fermés par les dépôts de sable mais ils sont progressivement réhabilités non seulement pour leur utilité en tant que voies commerciales, mais aussi comme attraction touristique populaire.

Les eaux intérieures sont un musée vivant où les modes vie traditionnels du Kerala rural survivent toujours. Elles sont génératrices d'emplois et ses habitants sont affairés à la construction des barques locales, la culture des crevettes, l'extraction de sable, la manufacture des produits en fibre de coco, la récolte du calcaire aquatique, la culture du riz et l'élevage des canards.

Les dieux sur terre : l'architecture des temples du Kerala est unique avec ses piliers sculptés, ses tuiles décoratives et ses toits à pentes. Le temple de Peruvanam Mahadeva près de Thrissur (page 62) et le temple de Sree Padmanabha Swami à Thiruvananthapuram (à gauche) en sont des exemples typiques. Les sculptures centenaires du temple d'Avittathms Siva près de Thrissur (en haut et en bas).

Les activités culturelles du Kerala et les beautés de ses paysages attirent de nombreux visiteurs. La majeure partie des touristes viennent des autres provinces de l'Inde, l'afflux des visiteurs étrangers a cependant considérablement augmenté ces dernières années. Les touristes sont attirés par le confort du climat et la vie sauvage exotique de la région. Le littoral est le pays des mouettes et des grues et l'habitat idéal d'un grand nombre d'oiseaux migrateurs. Et dans les forêts de l'intérieur, il y a des éléphants, des panthères et des tigres.

La meilleure saison touristique commence au mois d'août et se termine en mars. Une excursion typique dans les eaux intérieures débute à Alappuzha (ou Alleppey, aussi surnommée la Venise de l'Orient) et se poursuit à travers les étroits canaux du lac de Vembanad. La région autours du lac, appelée Kuttanad, était dans le temps considéré comme le bol à riz du Kerala. Kuttanad est en fait situé au-dessous du niveau de la mer et les rizières ont été aménagées avec un ingénieux système de digues et de remblais qui assure une humidité optimum et une température appropriée aux terres arables.

La plage d'Anwatirtha près de Kasaragod.

Kollam, les lacs de Kayamkulam et d'Ashtamudi sont également dignes d'une visite de même que Veli (dans le Sud du Kerala), Kadinamkulam, Edava, Anjengo, Madayara, Peravur, Ashtamudi, Kayamkulam, Kodungalur, Chetuva et Valiyaparamba (dans le Nord du Kerala).

Durant la mousson, les courses traditionnelles de bateaux se déroulent dans les eaux intérieures avec les *chundan valloms* d'une cinquantaine de mètres de long. Ils auraient été conçus pour les anciennes batailles navales qui avaient lieu dans la région. Les chefs locaux des royaumes de Vadakkumkoor (le royaume du Nord), de Thekkumkoor (le royaume du Sud) et de Chempakassery maintenant leurs *chundan valloms* comme moyen de défense contre les ennemis maraudeurs. Ils attirent aujourd'hui le click de milliers d'appareils photos et les applaudissements de spectateurs venus du monde entier. C'est un honneur de gagner – ou de soutenir l'équipe gagnante – et la récompense est plus la gloire qu'elle apporte que son prix !

Les principales rivières du Kerala sont la Periyar, la Pamba et la Bharatappuzha. Leurs

cours rapides sont utilisés pour la génération hydroélectrique, mais la distribution de l'électricité n'est pas toujours très fiable. Là où les rivières se déversent dans l'océan, des bancs de sable se sont formés et protègent la côte des ravages de la Mer d'Oman. Cela permet aux bateaux de s'ancrer dans ces petits ports de pêche tout le long de la côte du Kerala. Des canaux artificiels relient les lagunes entre-elles, le lac de Vembanad est un lagon élargi.

Les rivières miroitent à travers les arbres et leurs sables d'argent furent dans le temps témoins des tournois des guerriers de jadis.

Lorsque vous apercevez deux hommes s'affrontant en duel avec des sabres luisants et des lances acérées, leurs corps hâlés reluisant d'huile simplement revêtus d'une ceinture rouge comme le sang, vous avez l'impression de plonger dans une autre époque – c'est le *kalaripayattu*, l'ancêtre des arts martiaux. L'histoire parle vaguement d'un moine guerrier bouddhiste qui serait allé du Kerala au Tibet et en Chine à l'époque de Shankaracharya. Les

arts martiaux du Kerala sont aussi spectaculaires que les danses les plus raffinées de la région – un vrai ballet –, ces techniques furent mises au point par des guerriers combattant avec des bâtons et des sabres qui composaient une force formidable. Le *kalaripayattu*, le plus ancien, le plus scientifique et le plus complet de tous les arts martiaux du monde, serait la source d'autres traditions comme le judo, le karaté et des autres formes asiatiques de combat. Son origine remonterait au douzième siècle, à une époque où les guerriers pratiquaient leur art sur le *kalari*, le terrain d'entraînement. Des concoctions médicinales et des massages à l'huile aident à améliorer l'agilité et la souplesse du corps, la discipline est intense et, même aujourd'hui, les blessures reçues au cours des classes sont réelles. Le *parisakali* du Malabar du Nord et le *velakali* de Travancore sont des arts martiaux qui demandent des efforts physiques considérables et d'intenses exercices d'entraînement à l'utilisation des armes. La seconde forme aurait été utilisée au cours de la grande guerre entre les Kauravas et les Pandavas à Kurukshetra.

Tout cela avant que le premier grand prophète hindou, Adi Shankara, né à Kaladi près de la rivière Bharathapuzha, n'entreprenne son grand voyage vers Badrinath. Le mythe et la fable sont enchevêtrés dans les légendes du pays. Il y a bien des siècles, un autre moine guerrier,

Les bateaux de pêche dans le port de Kochi avec les fameux carrelets chinois.

Des éléphants dans toute leur splendeur naturelle dans la Réserve nationale de Periyar (à droite).

Style typique du Kerala : un fier propriétaire habillé à la mode du pagne et de la chemise descend de son camion enrichi de peintures élaborées.

Parasurama, aurait jeté sa hache de guerre dans la mer pour créer le Kerala. Et curieusement, lorsque vous allez au lieu de naissance de Parasurama, à Renuka dans les contreforts de l'Himalaya, vous êtes surpris par la végétation de ce lieu : le lac est bordé de palmiers.

Les temples du Kerala ont une architecture bien particulière avec leur grand étendard central et leurs toits à quatre pentes. Il y a dans ces temples pagodes de complexes sculptures des divinités qui illustrent les légendes et les mythes. Les hindous forment la plus importante congrégation religieuse du Kerala. Le reste de la population est formé de chrétiens et de musulmans et d'une minorité de jaïns, de bouddhistes et de juifs. Les Namboodris sont au Kerala considérés comme une haute caste contrôlée par une hiérarchie gouvernée par des normes et des codes de conduite très strictes. Venaient ensuite les brahmanes non-malayalis, les kshatriyas ou la caste des guerriers, puis les ambalavasis, les serviteurs des temples. Le commerce et les entreprises, domaine traditionnel de la caste des vaishyas, était contrôlés par les chrétiens syriaques, les musulmans, les juifs et les non-malayalis. Les Nairs, un clan de guerriers, étaient des sudras tandis que les castes « polluantes » étaient constituées des Ezhavas, les paysans intouchables, les brasseurs de toddy et les cueilleurs de noix de coco. En 1936, l'État de Travancore a ouvert les portes de tous ses temples hindous à tous les croyants sans distinction de caste ou de classe. Cochin suivit cette initiative en 1948.

La légende dit que les Namboodris étaient les habitants originels du Kerala amenés par Parasurama pour peupler la terre qu'il avait découpée de sa hache dans l'océan. Ironie du sort, ils furent aussi les premiers à se convertir en masse au christianisme !

La foi chrétienne aurait des origines orientales. Selon certains, l'église fondée par Saint Thomas (avant qu'il soit assassiné par un brahmane à Madras) est antérieure à la base religieuse romaine. Mais la chronique débute en fait avec Cana Thomas le Syrien qui débarqua avec ses fidèles en 345 ; les deux groupes se mélangèrent et les croyances de l'église syriaque se propagèrent. Toutefois, lorsque les Portugais arrivèrent au Kerala en 1498, ils convertirent de force les chrétiens locaux à leur culte latin. Mais la prise de contrôle de la région par les

Hollandais en 1663 rendit la vie plus facile aux chrétiens syriaques originels dont les prêtres étaient syro-chaldéens. Les anglicans exercèrent aussi leur influence lorsque les Anglais régnèrent suprêmes dans la région environ un siècle plus tard. Aujourd'hui, la chrétienté est au Kerala un mélange de nombreuses croyances, souvent interprétées d'une manière unique à ce pays et à son peuple, comme par exemple le fait qu'à chaque naissance dans une famille syriaque on établit l'horoscope de l'enfant – une coutume purement hindoue.

Les musulmans sont arrivés avec le commerce des épices. Des Arabes épousèrent des femmes de la région et des locaux commencèrent à se convertir – ils furent surnommés Moplahs ou Mappilas. Leur culture et leurs coutumes offrent un remarquable mélange de traditions arabes et indiennes.

Les civilisations les plus anciennes se développèrent près de la mer, car l'eau était le meilleur moyen de transport à cette époque lointaine. Le Kerala avait de ce point de vue une situation idéale et il s'y développa une grande et tenace culture qui, au cours des âges, fut influencée par les différents envahisseurs. Et les ressources naturelles du pays, des épices et des forêts aux gens et leurs coutumes, en font une région unique.

Une inscription sur pierre datant du règne de l'empereur Ashoka – au troisième siècle – mentionne le peuple Chera et c'est sans doute la plus ancienne mention historique du Kerala comme une région distincte. Elle fut gouvernée par la dynastie

La foudre des bestiaux : les courses de bœufs sont au Kerala un ancien sport qui était pratiqué tant parle roi que par le commun des mortels. Deux coureurs encouragent leurs bêtes dans un parcours de boue et de limon lors d'une course dans les environs de Kollam.

Les trésors de la mer : les pêcheurs triant la prise de la journée qui sera ensuite emmenée et vendue au marché du port de Neendakara.

des Cheras jusqu'au cinquième siècle. Des négociants venant de pays aussi éloignés que Rome échangeaient leurs pièces d'or pour du poivre et d'autres épices, de la mousseline, du bois de santal, de l'ivoire et divers produits exotiques du pays. Durant cette période, l'hindouisme, le bouddhisme et le jaïnisme furent introduits dans le Sud de l'Inde par les moines itinérants. L'apôtre chrétien Saint Thomas aurait fondé l'église syriaque à Muzuris (Crangannore) au premier siècle. Des immigrants juifs établirent une colonie à Cochin au dixième siècle.

Après le déclin de la dynastie Chera, le désordre prévalu durant deux siècles. C'est durant cette époque que l'islam fut importé au Kerala par les marchands arabes. En 825, la dynastie Kulasekhara établit un nouveau calendrier, fonda la ville de Quilon et mit le Kerala sur la voie d'un futur progressif. Au cours des deux siècles suivants, le malayalam se développa comme une langue séparée proche mais distincte du tamil. Les arts et la littérature prospérèrent. Mais ensuite, un siècle de conflit avec le royaume Chola, qui correspond approximativement au Tamil Nadu actuel, apporta la décadence au Kerala qui se divisa en petits États en conflit perpétuel. Ravi Varma Kulasekhara établit un empire de courte durée mais sa mort soudaine en 1314 entraîna à nouveau la fracture du Kerala en des poches hostiles.

Mais toute fois, pendant ces périodes de troubles politiques, le commerce avec le reste du monde continua de prospérer. Muziris (aujourd'hui Crangannore ou Kodungallur) était le port commercial le plus important de l'époque. Quilon et Calicut étaient également des centres commerciaux prospères. Les marins du vieux monde – Phéniciens, Grecques, Arabes et Romains – firent de ces villes leurs destinations ou leurs points de transit vers les pays d'Extrême-Orient. Les épices étaient la raison pour laquelle ces marins prenaient tant de risques et s'aventuraient à travers les mers et des contrées qui leurs étaient peu familières.

Sylphe souriante : dans le temps ses ancêtres parcouraient les bois et les clairières des grandes forêts et des montagnes boisées du Kerala. Mais aujourd'hui, cette jeune fille tribale, habillée selon la mode en vogue, se contente de sourire pour la photo.

Durant le Moyen-âge, les Arabes s'abrogèrent le monopole du commerce et des marchés et bloquèrent les voies commerciales maritimes et terrestres qui menaient en Orient. Les Européens – Espagnols et Portugais principalement – furent par conséquent forcés de chercher un passage alternatif. La plupart contournèrent la côte africaine, mais Christophe Colomb était d'un esprit plus aventureux – il affirmait que si la terre était ronde, ce qui était alors couramment accepté, en voguant vers l'ouest il atteindrait finalement la même destination. Patronné par la Cour d'Espagne, son épique voyage l'amena en Amérique. Ainsi, c'est en fait en cherchant à atteindre le Kerala qu'il a découvert le Nouveau Monde !

En 1488, les Portugais – dans un vaisseau commandé par Bartholomé Dias – atteignirent l'extrémité sud de la côte africaine qu'ils surnommèrent « Cap des tempêtes ». Par la suite, lorsqu'ils furent convaincus que c'était une bonne route vers l'est, il fut renommé « Cap de Bonne espérance ».

Le 8 juillet 1497, la première expédition portugaise commandée par Vasco de Gamma quitta le port de Lisbonne, passa le Cap de Bonne espérance le 22 novembre et débarqua finalement à Calicut le 20 mai 1498.Le 25 décembre 1500, le navigateur portugais Pedro Alvares Cabral y débarqua à son tour et initia la domination portugaise sur le commerce de la côte de Malabar. Les Hollandais chassèrent les Portugais un siècle plus tard mais furent eux-même définitivement éliminés en 1741 par le roi Martanda Varma de Travancore qui unifia toute la région. Toutefois, entre 1766 et 1790, les invasions de Hyder Ali et Tippu Sultan à partir de Mysore réussirent à fragmenter à nouveau le pays.

Après la mort de Tippu Sultan en 1792, la Compagnie des Indes orientales annexa le Malabar. Et des traités amenèrent également les États de Travancore et de Cochin sous le contrôle des Anglais, mais ce fut une période instable de troubles et de rebellions. Le Raja Pazhassi du Malabar mena pendant cinq ans une révolte contre le règne britannique qui

prit fin avec son exécution en 1805. Velu Thampi mena à son tour une révolte à partir de Travancore, mais il fut lui aussi finalement exécuté en 1805. Les Moplahs se soulevèrent eux aussi en rébellion entre 1849 et 1855, puis à nouveau en 1921.

Mais, bien que le régime britannique ait été oppressif et douloureux, il marqua aussi l'établissement d'un système général d'éducation et l'extension des plantations agricoles, des théiers en particulier. Les Anglais modernisèrent les installations portuaires de Cochin, qui devint un port majeur, et mirent en place un réseau de communication efficace, dont des routes reliant le pays aux autres parties de l'Inde et qui formèrent par la suite la base du développement à l'issue de l'indépendance de l'Inde en 1947.

L'évolution du Kerala en tant qu'État démocratique fut d'abord exprimée par des reformes sociales, le plus influent de ses prédicateurs étant Narayan Guru qui croyait en « une seule caste, une seule religion et un seul dieu pour toute l'humanité. » Les communistes jouèrent de leur côté un rôle important dans le mouvement anti-colonial au Kerala sous la direction de leaders comme K. P. Kesava, A. K. Pillai, E. M. S. Namboodripad, K. Kesavan, T. M. Varghese, P. Krishna Pillai et A. K. Gopalan. Les communistes organisèrent en 1947 une insurrection armée contre l'État de Travancore dans les villages de Vayalar et Punnapra.

L'indépendance du régime britannique fut déclarée le 15 août 1947. Deux années après, en 1949, les deux États séparés de Travancore et de Cochin furent réunis. Puis en 1956, les frontières du nouvel État furent révisées pour inclure les poches d'expression malayalie des États limitrophes et le territoire fut officiellement dénommé Kerala.

Depuis 1956, l'histoire politique de l'État a été parcouru de troubles avec des partis complètement opposés montant alternativement au pouvoir pour de courtes périodes ponctuées par des interludes de régime présidentiel. Le parti communiste, qui a mit fin au monopole du parti du Congrès en 1957, a mis en place un gouvernement restreint mais efficace. Mais cependant, les coalitions politiques sont un jeu au Kerala avec un grand nombre de factions politiques soutenant des idéologies diverses. Le Kerala compte vingt membres élus au Lok Sabha (la chambre basse) et neuf représentants désignés au Rajya Sabha (la chambre haute) du parlement national indien. Le gouvernement de l'État est dirigé par un gouverneur et un

La fraîcheur de la nature : une péniche de luxe sur les canaux intérieurs (pages 74-75) et un marchand de légume ajoute ses couleurs au paysage avec ses maraîchers et ses fruits frais (en bas).

ministre-en-chef. L'assemblée législative de l'État comporte cent quarante membres élus et un membre désigné et les institutions du gouvernement central et du gouvernement provincial sont les plus grands employeurs en accumulant environ 80 % du total des emplois. De nombreuses personnes trouvent du travail dans les vingt et une manufactures de l'État. D'autres trouvent des emplois dans les services d'éducation, de santé et les autres institutions gouvernementales. Mais l'intense syndicalisation aidant, les manufactures ne procurent pas un revenu majeur à l'État. Les communistes, en cherchant à indigéniser la révolution internationale, ont réussi à décourager les investissements industriels en créant des pratiques syndicales draconiennes. Bien que la tendance des syndicats à recourir aux grèves ait diminué à la fin du siècle, le Kerala a perdu des d'années de travail dans son développement industriel. Mais le gouvernement de l'État a toutefois mis en place douze mille usines qui emploient plus de trois cent mille personnes. Les produits de ces usines incluent l'aluminium, le ciment, la céramique, le pétrole et les produits pétrochimiques, le titanium, les terres rares, les produits pharmaceutiques, les insecticides, les équipements électriques, les engrais, les textiles tissés manuellement, les allumettes, le papier, les crayons, le contreplaqué, les fibres synthétiques, les câbles téléphoniques, les transformateurs et les placages. Le traitement du sucre et du thé sont également deux industries importantes. Les industries traditionnelles incluent le traitement des noix de

cajou et de coco ainsi que le tissage. Les noix de coco sont depuis longtemps utilisées pour produire de la fibre, des savons et des cosmétiques. Les artisanats traditionnels largement répandus au Kerala incluent les meubles en bois, les matelas, les poteries, les produits en rotin, les objets en laiton et en cuir et les petites industries artisanales.

Les routes du Kerala ont été parcourues par des gens amenant avec eux leurs cultures diverses, comme lorsque Rome régnait sur le monde occidental et que les Maures emmenaient des cargaisons entières de clous de girofle et de cardamomes pour le plaisir du palais des Romains. Les Arabes ont amené l'islam sur la côte du Kerala, et jusqu'à l'arrivée des Portugais, ils vivaient en totale harmonie avec les natifs sous la bienveillante protection de ses rois. Ils devinrent les marins du Kerala et de fameux amiraux comme les Marakkars vainquirent les Portugais en bataille. De Kozhikode à Kannur, la côte septentrionale du Kerala exhibe une ligne d'horizon presque médiévale avec ses innombrables forts à tourelles.

Il ne faut pas beaucoup de temps pour traverser le pays depuis la côte de la pointe méridionale jusqu'à ses montagnes septentrionales. Mais c'est un voyage dans l'histoire et dans un monde magique idyllique – un paradis pour tous ceux qui cherchent un interlude tranquille et paisible au tourbillon et à l'effervescence du monde.

Nymphes des rues : de jeunes villagoises s'affairent aux tâches matinales (en haut). Pookkolam: décoration florale pour Onam (en bas). La plage de Kozikode (pages 78-79).

L'auteur tient à remercier Ramya Sarma pour l'aide précieuse qu'elle a apporté pour l'édition du texte et ses travaux de recherche qui ont grandement contribués à la substance de ce livre.

Tous droits réservés. Toute représentation ou reproduction, intégrale ou partielle, faite par quelque procédé que ce soit, sans le consentement de l'éditeur est illicite.

ISBN : 81-7436-159-6

© Roli Books Pvt. Ltd., 2001

Lustre Press Pvt. Ltd.
M-75 Greater Kailash II Market
New Delhi 110048, India
Tél.: (011) 6442271, 6462782, 6460886
Télécopie: (011) 6467185, E-mail : roli@vsnl.com
Site Internet : rolibooks.com

Texte : Ravi Shankar
Traduction de l'anglais : Florent Jouty

Photographies : V. Muthuraman

Autres photographies :
Amit Psraicha : p. 3 (en bas), 18-19, 24, 29,
33 (en bas), 47 (en haut à droite)
Anil Mehrotra : p. 3 (en haut),
Mr. Balan : p. 6-7, 51, 68-69, 74-75,
Salim Pushpnath : p. 26-27, 33 (en haut), 45,
46-47 (du haut à gauche au bas à gauche),
Usha Kris: p. 55 (top), 44 (bottom).

Design : Inskpot

Imprimé et relié à Singapour